담양 가세 담양 사세

강성남 시집

시와사람

담양 가세 담양 사세

2025년 6월 10일 인쇄
2025년 6월 15일 발행

지은이 강성남

펴낸이 강경호 편집장 강나루 디자인 정찬애
펴낸곳 도서출판 시와사람
등록 1994년 6월 10일 제 05-01-0155호
주소 광주시 동구 양림로119번길 21-1(학동)
전화 (062)224-5319   E-mail jcapoet@hanmail.net

ISBN 978-89-5665-775-2   03810

*책값은 뒤표지에 있습니다.
*지은이와의 협의로 인지를 붙이지 않습니다.

이 도서의 국립중앙도서관 출판예정도서목록(CIP)은
서지정보유통지원시스템 홈페이지(http://seoji.nl.go.kr)와
국가자료종합목록 구축시스템(http://kolis-net.nl.go.kr)에서
이용하실 수 있습니다.

담양 가세 담양 사세

ⓒ 강성남, 2025
이 책의 저작권은 저자에게 있습니다.
저작권에 의해 보호를 받는 저작물이므로
출판사와 저자의 허락 없이 무단 전재와 복제를 금합니다.

■ 시인의 말

시를 쓴다는 것은 설렘의 연속입니다.
삶의 고단함 속에서 빛나는
무언가의 발견이라 하겠습니다.

나뭇가지에 매달린 사연
바람에 실려 보내는 사랑
고독에서 피어나는 사유의 한 조각

낯설고 힘들지만 이렇게라도 만물을 감상하며
만나다 보면 좋은 세상이 펼쳐집니다.

시에서 녹아드는 소소한 풍경과 감성들
자연과 삶이 조화를 이룹니다.
시를 쓰며 나의 우주를 만들어 갑니다.

2025년 6월
강성남

담양 가세 담양 사세 / 차례

7　　시인의 말

제1부

14　　까치밥
16　　대전면 들녘
18　　소쇄원에서
20　　돌부처
22　　솟대
24　　담양 가세 담양 사세
30　　지실마을 매화
32　　몽당연필
34　　관방천
36　　면앙정에서
38　　덩굴팥
40　　비빔밥
41　　쑥
42　　행복을 주는 도래수 마을
44　　집유령거미
46　　운지버섯
48　　눈물겨운 떼창

제2부

얼음새꽃　52
머리를 자르다　54
눈꽃　56
쪽재골 이슬　58
나무 그늘　60
흑장미　62
수국　64
매미 허물　66
개망초　68
나팔꽃　70
낙서　72
양 떼　73
눈사람　74
내 그림자　76
갈대　78
다시, 봄　80
왼손과 오른손　82

제3부

84 꽃샘추위
86 춘래불사춘 春來不似春
88 예술이 빛을 발하다
90 낙엽
92 의자
94 그믐달
96 연꽃 지다
98 늙은 의자
100 치매
102 시의 행마법
104 뻐꾹나리
106 수련
108 불면
110 연꽃
112 입치레
114 영혼의 합창
116 백일홍
118 일출

제4부

재생　120
하루가 저무는 시간　121
서점에서　122
불규칙 반응　124
손 편지 한 장　126
마스크　127
수련 2　128
어떤 사랑　129
서기 집문瑞氣集門　130
흰접시꽃　132
삶의 이유　134
물오르는 가지 끝　136
오월이 오면　138
새벽안개　141
성하　142
반딧불　144
과거　145
산에 박힌 돌　146

제1부

까치밥

감나무 이파리들이 햇빛을 나눠 받고
반짝반짝 빛난다

잠시 명상에 잠긴 듯
새날의 지상을 향해
감꽃이 피어났다

어머니 떠난 곳에서 까치는 날아들고
목숨보다 질긴
그리움이 달빛과 섞인다

가끔은 참혹했고
가끔은 긴 악몽이 일상을 지난다

오래된 미래를 바라보는
파수병처럼 감은 차츰 붉어졌다

작은 촛불 켜고
산사람의 긍휼矜恤로 하늘 가까이

부재중인 듯 자리보전하는 어머니

각처로 떠난 자식에게
혹여 못다 한 당부가 있는지

오늘도 달랑 가지 하나 붙들고
희미해진 동구 밖을 바라본다

대전면 들녘

눈 내리는 소리 들으며
살가운 이웃처럼 논두렁을 맞대는 들녘

백의白衣의 모습

단일대오를 이룬다, 어우러진 상생

하얗게 질린 나무들은
만개한 눈꽃을 달고, 제자리걸음으로
병풍산을 향해 굽이친다

한 계절 패대기쳐진 것들을 솜이불로 덮어주면
욱신거리는 오금을 편다

먼 곳의 배웅에 대해
일생의 대답들이 흰 속지에 겹친다

내 몸을 숙주 삼아 피워내는 눈꽃

고운 넋 어루만지면 뽀송뽀송하다

모든 빛깔을 흰빛으로 통일하고
서로에게 결빙되는 타성을 따스하게 녹인 뒤

일상의
대화가 시작되었다

소쇄원에서

기록하지 않은 선언처럼

천심과 민심은 누가 정하는 것일까

위태로운 징후 다 버리고
서로의 의견을 좁히려는 다정한
간망懇望

떼지은 풍문이 끊임없이 뒤척였다

어둠은 창끝의 속도로 빛을 앞서가지만
역사는 난만한 시간 속에서 진위를 드러낸다

한순간 역사가 정지된 듯
광풍각에서 생각이 침전되고
제월당에 가까워질수록 발걸음이 무겁다

애틋하게 피가 도는
광활한 우주 가장자리의 소쇄원

살아 있는 모든 것들을 위해
과거에서 미래로 잇는 다리가 되어
열어젖힌 새 세상

만고풍상 지난 후에야 풀리는 매듭
대나무 마디로 곧게 선다

돌부처

삼업三業을 다하고
눈 뜨고 죽으면
사람으로 태어날까

유출된 생각들이 몸속으로 다시 돌아와도
돌은 돌일 뿐
따뜻한 온기는 없었다

근심 걱정 따위는 절대 복원하지 않으려고
물아일체를 독경하는
저 살아 있는 묵언

평생을 몰두하여
셀 수 없이 자신의 모서리를 제거한
눈부신 표정 또한
한 생애일까

집도 절도 없이 하늘을 지붕 삼아
좌선한 돌부처여

한 덩이 작은 미륵이여

감겨 있는 시간의 태엽을 풀면
모르는 속사정이 쏟아져나올 터

외면하는 법을 터득할 때까지
침묵이 파고 들었다

돌 속에 생의 내력 다 밀어 넣고
시작도 끝도 없는 구속에서
해탈하고 있다

솟대

더 이상 비상을 꿈꾸지 않는다

참말로 독했던
길 없는 길에서

핏물 배인 거품을 게워낼 때
가슴은 바짝 타들어 갔다

쓰다 버린 불안 같은 회한이
온몸을 휘감을 때면 날갯죽지는 부러질 듯 떨렸다

힐끗 쳐다보는 이승

비릿한 하늘을 버리고 맨땅으로 곤두박질치고 싶었다

딸린 식솔 생각하며
가파른 숨을 날개 속으로 욱여넣었다

작은 죄마저 잊도록
가급적 멀리 날아올라
눈 가린 천국을 보고 싶었을 솟대

막힘없는 길을 열고 있는 것이다

난다고 상상하면
스스로 잊을 만한 기분에 갇히는 일

차라리 제자리 비행으로
다가오는 시간을 목적지로 삼았다

담양 가세 담양 사세

-보리암의 한낮

암자가 구름을 이고
지그시 눈을 감고 있다
햇살이 부처님 영전에 배알한다
산새 놀러 와
'부처님 먹을 것 없소' 갸우뚱한다
다람쥐 한 마리 '먹을 것도 없네' 조르르 달려간다
부처님 닮으신 스님
뜬구름 잡으려다
해님에게 눈멀어 고개 숙인다
부처님 '모든 것을 비워라' 말씀하신다

-명옥헌 원림

갓 피어난 웃음 같은 여명이
녹음을 파고든다
명옥수明玉水 흘러내려

연못에 모여들면
자미紫薇는 오늘따라 곱게곱게 꽃단장 일색이다
날마다 하나둘
절로 절로 사람들 찾아들어
잔물결에 파격한 시풍들이
명옥헌에 가득하다

-추월산 연정

먼 산과 마주하며
아득히 바라보니
햇빛 냄새 완연한 추월산
흰 세월 머리에 이고
가을에 기댄 쓸쓸한 자태다
얼굴 붉힌 단풍잎이
바람에 흔들리고
골목에 저녁 짓는 연기 살뜰하게 피어오른다

-용소는 알고 있다

어지러운 세상사
물줄기 토해내면
청정한 절개가 내 몸속을 파고든다
하늘로 치솟아 오르는
우람한 모습마저
조촐한 햇살 받아 무지개 펼쳐내고
그리듯 맺힌 한을 폭포수로 쏟아낸다
영산강 뜨거운 젖줄
생명수로 흐른다

-용흥사 종소리

용구산 심산계곡 산울림 찾아드니
오지게 밝은 햇살 청음에 달려들어
속세의 근심과 걱정 아무것도 아니로다

-죽녹원에서

대숲에서 이따금
삶의 갈피들이 연주를 한다
얼마나 소중한 것들을 잊고 살았는지
삶을 붙든 억척스러움조차
대나무 결기에 녹아내린다
아쉬움이 많아서 일까
계절의 아픈 틈에서 꽃이 피고 지듯
애환 속에서도 웃음꽃 피어난다

-담양습지

침묵도 발랄한가
영산강은 출렁인다
파란 하늘을 따라나선 나들이
허리 반쯤 꺾어 담양습지 포토샵
꼬물꼬물 사랑이 움직인다

가다가 나누고 뛰다가 나누고
수풀 발끝에서도 새록새록 움트는
작지만 깊고 깊은 사랑이 너울너울

-내가 사는 상월마을

살아 눈뜨면 싱그러운 자연
넓은 품에서 새들이 노래한다
떠가는 구름 몇 점
산 좋아 물 좋아 머무른다
구름 아래
한가로운 마음으로 무언스님 산을 오른다
태허공산太虛空山의 고적함
매미 울음소리 적적한 숲을 깨운다
어느 곳을 향해 앉아도
어머니 같은 포근포근한 마을
다람쥐 한 마리 당산나무를 오른다
일찍이 달님의 품에서 하나 되는 산골 마을

-담양 가세 담양 사세

산 좋다 물 좋다 소문난 청죽 골 담양
포근한 인심 찾아 담양으로 가고 간다
이 마을 좋구나 좋아 저 마을 좋다 좋아

산들바람 싱그럽다 사람 냄새 향기롭다
꽃물 드는 신바람 마을, 산천에는 흥바람
여기도 저기도 바람 담양고을 담빛 서정

메타길 죽죽빵빵 대바람 출렁출렁
그리운 이 찾아가듯 담양으로 가세 가세
젊음도 늙음도 하나 되는 청정의 담양 고을

지실마을 매화

별 사이를 헤매듯

휘어진
낮달 궤적을 따라
꽃이 피거늘, 매화라

눈 씻고 귀 씻어도
으늑하게 팽창하는 꽃그늘

하마 지상에 든 별빛이
이처럼 현란할까

있는 힘을 다해, 꽃 피는 소리에 향기는 덤

누구든 여기와서
가지에 매달아 놓은 향기를 받아가라

얼어붙은 대지에 피가 돌고
첫 손님, 봄이 도착한다

비록
내 삶 누추해도

거저 받은 덕성을
팔지 않는 자존심 있어
조촐한 만찬이 시작되리라

몽당연필

침 묻혀가며
꾹꾹 눌러쓰던 연서는
문지방을 넘지 못했다

빈 봉투에 넣고 밥풀칠한 연서는
아직 나와의 독백 중

날밤 새우며 수없이 고친 문장처럼
당신은 그렇게 오려는가

흑심 모두 닳아버리면
이 마음 어찌 전할꼬

더 이상 언급되지 않은 추신은
볼펜 깍지로 대신한다

그리움을 받아넘기는 창문을 무연히 바라보면서도
꽉 막힌 생각을 자꾸 만지작거렸다

헛된 방식으로 지킨 인생은 아닌데
연필심 속으로 환청이 밀려들었다

기막힌
한 줄을 위해
내용을 지우고 구겨 던지는 동안

거짓말같이 푹푹
눈은 내리고 있었다

관방천

품격이 남다르다

이승을 떠돌던 나무는 관방천으로 모이고
칭칭 휘감은
나이테의 합이 무려 300년이라

이미 다 아는 비밀의 힘으로
몸통을 불린 것일까

한꺼번에 도열하는
나무들이 다정한 손을 내민다

지나온 길에서 가야 할 길을 생각하면
두고 온 말들이
판타지처럼 떠올랐다

당신은 지금 어디를 걷고 있습니까

느티나무 푸조나무는
사람을 위한 영혼의 신전神殿

나는 언제나 또 다시
새 이름 얻어 저 나무처럼 자랄까

삶의 전도된 고비마다 제 품을 내주고
쉬게 하는 덕성

순리를 도모하는 나무처럼
사람의 늙은 모습도 이럴까

면앙정에서

파르르한 별빛들이
우수수
쏟아지는 밤입니다

속된 것을 다 내려놓지 못한 나는
한량없는 부끄러움뿐입니다

청록빛을 뿜는 면앙정의 고태가
내 얼굴의 표정을 진지하게 합니다

봉합되지 못한 것에
야위는
기도의 손

면앙 정신이 우리의 참 거울이 됩니다

과거가 현재를 살릴 때
비로소
나를 놓아주겠는가

닿을 수 없는 지난날이
오늘의 물음이 되어
건강한 슬픔이 따라 듭니다

바른 정신의 점화를 꿈꾼 송순

우리의 하나 된 모습이
담양을 이루고 무등無等을 이루었습니다

덩굴팥

산마저 돌아눕고
철조망으로 길 끊긴 금단의 접경이 있었네

독거에 들어선 어머니

부축 받지 못한 사람들이 붙잡을 것을 앞에 두고
거꾸러지기도 했지만
일어설 수 있다는 기대로 살았네

암전暗轉되는 불행에서도 아무런 은신처도 없이
하루하루 애써 태연했네

어머니 붉어진 두 눈이
햇볕에 그을려 희뜩거렸네

지그시 눈을 감고도
슬플 수 있는 여유가 없었네

사람 하나를 살리는 일이
천만 값어치보다 크거늘
맑고 간절하게 꽃을 피우네

팥꽃 안에 가둔 말들이 화석이 될 때
당신은 치매로 떠밀리고 말았네

소쩍새 우는 밤이면
생잎에 얼굴 내밀 듯 덩굴팥 피어났네

저 노란 당신이
필경 신의 얼굴 같았네

비빔밥

본질이 다른 오색이 모여있다
최선을 다해 그릇에 담겨있는
각각의 맛

숟가락으로 쓱쓱 비벼야 맛있다는 사람과
젓가락으로 휘휘 저어야 잘 섞인다는 사람의
취향도 가지가지

시장기가 반찬이라는데
비빔밥은 맛의 창세기, 환장하게 맛있다

보기 좋은 떡이 맛있다는 식감의 왜곡은 없다

퍼낼 수 없는 그릇 바닥을 숟가락으로 박박 긁었다면
더 이상 무슨 말이 필요할까

감미로운 말맛을 품은 비빔밥은
오감의 궁극

한끼 든든하게 빈 그릇 바라본다

쑥

참 쑥스럽게

당신은 맨발로 달려오고 나는 이를 막지 못한다

밀폐된 겨울 다 쏟아버리고 피멍 든 제 속을 들여다본다

우주의 문이 열리고 얼떨결에 꿈틀거리는 정지 화면

칙칙했던 측백나무에도 색이 들어오고 있다

깊은 바닥을 일으키는 눈빛처럼 해토된 땅에 솟는 쑥

비밀처럼 묻혀 있던 시간이 뚫고 나오듯
쑥쑥 자라는 쑥을 바라보며

욕됨을 무릅쓴 나는 아직 말 못 할 반성이 있는지 살핀다

행복을 주는 도래수 마을

어제도 가고
오늘도 가는 도래수 마을에
햇살 고운 텃밭이 있다네

눈부시도록 아름다운 태양
하늘에는 그림 그리는 흰 구름
쉼터의 나무가 있다네

늘 푸른 소나무로 다람쥐 오르내리고
산비둘기 꾸르륵 꾸르륵 노래하고
까치들은 놀러와 깍깍 합창을 한다네

오가는 사람들 정담 나누고
어려운 일 힘 모아 돕는
평화롭고 싱그러운 마을

연초록 이파리 물고
세월을 거슬러 올라가도
한마음 한뜻으로 연대를 이루는 사람들

도래수 마을은 자연의 텃밭이라네

＊도래수 마을 : 담양군 용면 용연리 1구, 고향마을

집유령거미

처음
씨실을 뽑는 마음으로
생의 그물을
공중에 펼친다

움직이는 단서를 포착하려고 미동도 하지 않는다

무상한 세월의 한때
먹잇감의 잔상을 쫓아 눈을 감는다

참을 수 없는 식욕

8개의 홑눈에 걸려드는 것은
조용한 소란과
위장된 궁핍이었다

눈뿌리 타도록
사는 것에 너무 몰두했을까

영혼의 물결은 하늘로 흐르고
반복되는 허기로
배 채우는 날이면

그물은 더욱 촘촘해졌다

운지버섯

어떤 바깥도
기웃거린 적 없는 나무는

죽어서 날개를
달아보고 싶었을까

서성이던 구름이 만들어 놓은 길
견딜 수 없었다고 말하면 겹겹의 체온이 차가웠다

마주하는 방향으로 배경은 비상이다

달이 자라는 계곡에서
꿈의 행로를 벗어나면
들썩거리는 환상

무언가 함정에 빠진 것처럼
타박 당했던 야생이 새로운 운명에 들고 싶었을까

고단한 잠을 깨우면

사위가 팽창한다

비로소
굴레를 벗듯
들뜨기 좋은 순간에 꼿꼿이 핏줄 서고

죽은 나무에 물 올리는 힘으로
나는 오금 박힌 날개를 편다

눈물겨운 떼창

웅크린
대지가 퍼지고
풀과 나무들은 촉을 세운다

허공을 향해 솟고 있는 나에게
어느 기회가 다가올까

낡아가는 지구 향해 위로 밀어 올리는
저 떼창
눈물겨운 집중이다

시간의 변두리까지
해맑게 어리광 부리며 다가오는 봄볕

생을 밝혀 들게 한다

살아남기 위해
기억해야 할 구호를 암기하듯
아직 다다르지 못한 미래를 노래한다

온통 궁금한 것뿐인 어린것들

생의 등고선에서
투정 부리듯 함성이 한창이다

제2부

얼음새꽃

고요한 절창으로
복과 장수를 노래하라

심장에 박힌 향기 빼낼 때
살 에이는 혹한도 저만치 물러섰다

단 한 번도 세태에 섞인 적 없는
저 빛나고
고결한 황금색 꽃

복수초라 불리는 얼음새꽃

호사스러운 계절 다 놓아두고
눈밭에 숨통을 트는데
불시에 버리고 싶은 세월이 있을까

복수하지 않고
복수福壽할 수 있어서 얼마나 다행인가

온 누리에 퍼져
우리 사는 이승은 다시 낙원을 희구하는
평화로 부활할지니

꽁꽁 언 대지를 밀고 올라와
아찔한 생을 소진하는 복수초

샛노란 웃음소리 주변이 다 환하다

머리를 자르다

   온열동물인
   내 머리통에 식물이 자랍니다

   괜찮은 척
   외면할 수 없는 의문과 결탁합니다

   두통은 알약을 채운 만큼 비어가는데
   제자리 찾지 못해 헤매거나 누수된 감정은 수없이 많습니다

   인풋과 아웃풋이 합리적인 추측을 이루지 못하고 삐딱합니다

   주뼛주뼛
   보이지 않는 곳에서 자라는 머리칼을
   나는 잘 모릅니다

   이런 내가 상상을 확대합니다

정확하게 누군가는 내 머리털 길이를 계산하고 있었습니다

웃자란 길이가 새어나갈 때쯤

서슬 퍼렇게
싹둑싹둑 잘려 나가도 아무 일 없었다는 듯 잘 자랍니다

눈꽃

그대
귀한 사랑이 목숨이듯

희고 곱게
눈뜬 치장
숨죽이는 정적靜寂이로다

눈꽃은 하늘의 말을 향기나게 하는 문장

녹지 않는 말이
진짜 꽃이라면 무슨 색을 더 탐문하겠는가

차라리 희망에 못을 박더라도
무엇을 하든 목숨을 담보하지는 말아라

흙 위에 흰마스크를 씌워버린
저 결속
순해지는 동물성의 시간이다

끝내 한 번의 붓질로
피조차 소소素素한 것은
당신의 거룩함이 이 땅에 임했기 때문이니

한순간 사라질지라도
그 이름만은
영원히 살아 있으라

쪽재골 이슬

함부로
몸을 섞으면 나는 파열됩니다

서로의 속살을 맞대
한 몸이 된다는 것이 두렵고 막막하기만 해서

힘 빠질 때까지
풀 끝에 매달릴래요

넘쳐나는 말과 눈물을 가져
귀담아 살피는 당신의 뜻

차오른 가난을 피해
밥물로 잦아들고 싶어요

유예한 슬픔처럼, 누락된 사람처럼
물의 혼숙에 휩싸이기 싫어요

감당할 수 없는 무게의 총량
자꾸 몸이 출렁거려요

물비늘 얇게 벗겨서 창문으로 세우고
쇼트 이미지 같은 단역 인생을
태양에 맡기고 싶어요

방울방울
한때의 기억으로
장엄한 피날레를 장식할래요

나무 그늘

푸른빛으로
몸 바꾸는 초여름

공짜로 드리운 그늘에 명암이 합류한다

대놓고 울지 못해
입술부터 깨무는 버릇이 생겼다

문장을 꾸미는 말을 지나
이파리에 닿는 그늘의 표상들

곁눈질 너머로 또 다른 내 영혼이 반경을 넓히고 있다

이파리에서 쏟아지는
한시적 현존現存

땅으로 추방된
내게도 유통기한이 있을까요

짧은 시간 동안 에필로그 하듯
적막한 힘으로 두려운 생을 털어버리고 싶다

이파리에 들어 있는 격정처럼

한 겹씩 덧쌓인 그늘이 다정하고 비밀스럽게
차츰 두꺼워지고 있다

흑장미

우리라는 영원한 타인에게
나는
얼마나 캄캄한가

서로 모르는 전략이 정념이라면 문장을 떠난 수식어들이
제목의 동태를 살핀다

햇살 고삐 잡고
내게 다가오는 느낌

무심히 눈 뜨는 꽃잎 사이
조성되는 시공이 따로 있었다

꽃을 쟁취한 가시들은
어정쩡한 자세로 잎 뒤에 몸을 숨겼다

절기를 포기했을까
농축된 색이 검붉다

꽃향기 깊게 스며들어도
잠깐 슬퍼지면 됐다

몸가짐의
단아한 뒷모습에서
부드러운 가시를 읽는다

수국

색을 바꿀 때마다
오묘한 향의 흔적

울안에 심으면 액운이 낀다며
피기도 전에 떠도는 소문에 실망했을까

피를 돌게 하려고 가장 귀중한 몸을 포기할 때
슬픔은 둥글둥글
푸르기도 하고 붉기도 했다

완성되지 않은 형상에
더없이 위험한 바람이 분다

우르르 달려올 것 같은 별 뭉치 화관 쓴 모습은
얼마나 오진 모습인가

미래로 따라오는 어떤 기억은
지독한 후천성
메말랐던 표정이 둥글어졌다

민머리를 내밀고
깨금발을 딛는 수국이
사람들의 눈인사가 오가는 공원길을 지키는데

질긴 생각 하나가
머릿속에서 수국수국한다

매미 허물

참깽깽매미는

휘발성 강한 소리로
가당치 않게 꼬인 심사 풀 듯

나를 기만하거나
다그친다

블랙 키워드가 촉수를 교란했을까
급기야 제 가슴을 뚫는 매미

죽을 시간을 정해놓고
무모하게 속 비우려는 선전포고인가

더 외로운 쓸쓸함과
더 서러운 마음

날카롭게 벼려진 문장에
왜 이러느냐는

뒤늦은 질문 따위는 무의미하다

초라한 천사가 싫어 아름다운 악마가 되길 바라는
고작 7일간의 이승이라는 것이
허망한 검불 같은 것이라는데

억센 소리의 꽁무니에
껍데기 하나 남겨놓는다

개망초

본능의 잠 떨쳐버리고
벌떡 일어나는 꽃그림자

뿌리를 생각하는 마음처럼 민낯의 눈물을 참으면
거친 비탈을 깨우는 빛이 들어온다

허무하다거나
덧없다거나, 하는 것들도
어디로 가서 제 나름 꽃을 피울 것이다

갱신하는 꽃향기가
다 소진될 때까지 번지는 안부가 지천이다

핀다는 말 속에 절망이 인화되는데
반대편으로 걸어가 카메라 셔터를 누른다

길손의 취향을 알아차린
꽃의 최선에 감흥한다

싱그러운 물살마냥
순하게 나타났다
사라지는 흰그림자의 무늬

내 눈동자에 너를 앉히려고
망초꽃 한참 바라본다

나팔꽃

고요에 든 한낮
한 허리 감아올려 닿은 빈 하늘

웃자란 생각들도
높이 올라 파수꾼 노릇을 한다

기쁜 소식에 닿으려는지 구름밭치 가볍다

다 밝힐 수 없는
속사정에 꽉 막힌 귓속
다녀간 말들만 부산하다

줄기에 매달린 잎들이 재잘거리는 동안
서로를 등한시하는 허튼 수다도 있었다

마이크는 무거운 말을 멀리 받아넘기고
하다만 안내방송을 이어간다

태를 연 지경 밖까지 숨은 의미를 다 발설하고 싶다

딱히 건네줄 소식 없거든
지루한 오후를 허공에 칭칭 감는다

소리 잃은 말 주렁주렁 달고

뜬소문 잠재운 채
막힌 목청 하얗다

낙서

귀 세우던 소문이 잠잠하고
모를수록 궁금증은 깊어졌다

다른 순서로 낱말을 바꿔도 뻐딱한 말이
먼저 어금니에 씹혔다

어린 비밀은 막연한 미래를 향했다
그리움의 귀퉁이를 지나던 생각이 담벼락에 머무는데

알듯 모를듯한 내용을
또박또박 써둔 손끝이 부끄러웠을까

숨기는 방식으로 느낌을 발설하는 낙서

방치되었던 그리움이 거리로 뛰어나오고

입술로부터 갇혀 있는 이야기의 배후에서
그간 잊힌 얼굴이 보였다

양 떼

모두 다른 연유로
형태를 갖추지 못한 구름은
한없이 부드러운 솜털이 된다

드넓은 황야를 향해 흩어졌다 모이는
양들의 뜀박질

백팔 번째 양은 아무 일 없었다는 듯
초원을 향해 뛰어간다

모르는 사실을 알게 되는 것처럼
두 번 만들지 않는 형상이 무궁무진하다

저 높이는 구름의 안전한 은신처

요즘 무슨 맛으로 사느냐고 시비 걸듯 누가 물으면

나는 하늘의 양 떼를 쳐다보는 버릇이 생겼다

눈사람

눈을 뭉쳐 동그랗게 굴리면

지나온 발자국이 몸속으로 들어가 뼈가 된다

빙점의 목록에 나열된 것들을

모두 탕진한다 해도

차가운 눈을 커다랗게 뭉치면 자꾸 포개고 싶어진다

녹지 않으면

두 다리 없는 사람이 된다는 뜬소문에

살아도 죽은 것이나 마찬가지라고 말을 흐린다

씹히는 목소리에 숯가루가 묻어 나오고

한 발짝도 떼지 않았는데 아침이 왔다

마음 바친 눈송이가 이렇게 하얀 것은 어인 일일까

더는 연명할 수 없는 기한이 도래하자

마주 오던 미래가 되돌아서고

눈물로 흘러내리는 생목숨 차츰 투명해졌다

내 그림자

표정의 실루엣이

반대쪽으로 멀어집니다

주인이 낸 길에서 이탈하지 않으려고

딱 그만큼의 거리만 유지합니다

날개가 없는 나는

먼 데로 굴러떨어지고 내 방식으로 오독합니다

오로라의 백야를 건너는 밤이면

어디를 바라봐야 할지 걱정입니다

백 가지 아픔에도 천 가지 고통에도

곁은 혼자가 아닌 둘이라는 말에 힘이 솟습니다

수많은 맹목에도

나를 수행하는 헛 몸은 보수적 이데아

늘 가까운 절망은

어찌 사람만의 일일까

마음을 짓누르기도 하지만 무엇에도 굴하지 않고

번듯한 은닉처도 없는, 또 다른 나입니다

갈대

구비를 따라 흐르는
강물의 출구는
동이 아니라 서쪽이었습니다

한 방향을 원하는 쏠림이
불면을 예감하기도 했습니다

사느라고 청춘이 벌겋게 달아올랐지만

모가지까지 다 털리고 나서야
집으로 오는 발자국마저 지웠습니다

거두어가기만 하고 끄달리기만 했던 현실

달의 하현에 닿는 휨새는
다 삼킬 수 없는 마디 속 공명을 앓습니다

가끔은 소리 없는 찬사도 받았습니다

살고 싶은 세상에서
이렇게 살다 가는 것도
그만인 다행 아니겠습니까

마디 속 공명이 독백으로 변하면

불립문자 같은 당신이여
나마스테, 나마스테

다시, 봄

겨울은 잠에서 깨어난다

마른 가지마다 순이 돋고 새로운 향기를 완성하고 싶은
꽃들의 화음

신의 목소리 경청하듯
고요가 무성하다

맑게 가라앉는 아지랑이 대지여

위태로움에서 탄생한 봄은
셔플댄스 추듯
예정된 연두를 내어 놓는다

누군가 위험한 시기라고 말했지만 상처 입은 사람은
아무도 없었다

맹목에 목숨 걸었던 격한 감정이 있었는가

봄빛 환하게 목청 돋우는 날은
땅의 통증을 가라앉히듯 일시에 나타나는 풀 끝이
하늘을 들어 올린다

절기의 갈피 사이로
심장박동 같은 환호가 밀려든다

왼손과 오른손

물고 늘어지는 말꼬리에
사실이 왜곡될 수 있습니다

마음 깊이 침잠하는 말, 나는 오른손잡이지만
내 생각의 통로는 왼손

저만치 외떨어져도
둘이 하나로 속살거려야 완전한 내가 됩니다

한 생을 다하도록
서로를 보살피는 왼손과 오른손

참견하지 않으며 협력하는 관계입니다

양손으로 할 일 다 했어도
겸손이 있어야
비로소 사람이 된다는 말이 가슴에 박힙니다

혼자였지만 늘 함께였습니다

제3부

꽃샘추위

빈둥대는 귓속말이
출출한 참에

돌아오는 자들의 마지막 관문
느닷없이 두 계절이 혼숙한다

귀먹은 꽃소식, 절기의 틈바구니에 낀
나는
야성의 노마드

거침없는 폐허에서
찬란한 저항을 위해 아우성친다

피가 언 늑골에서
물오르는 소리가 나는 밤

악몽을 꾸듯
형편없이 인생이 꼬인 기분일 때
잠시 생각을 멈추고 풍경을 바라본다

겨울과 봄이 서로 낯설어
비명을 지른 모습일까

어중간하게 세팅된 존재마다
차가운 화염이 도사리고 있다

춘래불사춘 春來不似春

눈 찌를 듯한 젊은 해는
양지를 만들고

맑은 빛으로 세상을 건널 꽃들은
불쑥불쑥 피어날 기세다

필묵을 파스텔색으로 바꿀 차례인가

기분 좋은 반항도 유분수지

연한 새순의
표정이 완성되기도 전에 제자리에 멈춰있는 봄

불필요한 실패들이 무딘 감각을 자극한다

좋은 시절 다 지났다고
마음 얹을 자리 하나 없을까

나는 숨 쉴 틈 없는 가면의 피에로

모르는 척 제일 아픈 변명처럼
얇은 외투 깃 세우며 돌아온 귀갓길

간밤 꽃 입술 파르르 떠는소리에
가슴이 철렁 내려앉는다

예술이 빛을 발하다

달음박질하는 어두움
밤이슬처럼 내리던 그리움
넝쿨진 가슴에 서리서리 맺혀
아름다움을 지핀다

꿈을
美를
추구하면서

기다림은
또 다른
기다림이 길목에서 지키고 있다

작은 손가락에서 이어지는 예술
수많은 부딪침

우리의 삶 속에 깃든
소리와 빛깔과 몸짓
맛과 멋의 향기가

수천 년 면면히 이어온
우리의 혈맥 속에 도도히 흐르며

기해년 동쪽 하늘 산등선 빛살 받아
예술이 강물처럼 흐르는 청죽 골에

지상의 꽃, 예술의 꽃을 피우리라

낙엽

바스락대며
울대를 세우는 것 보니

마지막 숨이
아직 낙엽에 들어 있나 보다

된서리 내리는 상강 무렵

혀에 피는 꽃구름은 연기처럼 맵다

흩날리고 구르는 것이 낙엽만은 아니어서
사람 또한
예정된 시간을 벗어날 수 없는 것이다

출처를 알 수 없는 결과가
나를 볼모로 사용할 때면
착지점이 되는 땅

사라진 날짜로 다시 돌아가고 싶었을까

떨어지는 느낌에 발걸음을 옮겼다

기왕 버릴 거면
심장에 가까운 모진 말을 버리고 싶다

마지막까지 남아 있을 여생 다 읽지 못해
차라리 다그치듯 나를 용서한다

의자

사뭇 진지합니다

대화 없는 대화가 이어집니다
말을 하는데 음성이 소거되었습니다

기어이 튕겨나가려 했던 순간들을
오롯이 앉혀 봅니다

서로 모르는 인연들이
그럴듯하게 앉아 생각의 자물쇠를 풀기도 했을 것입니다

모두 어디 갔는가
텅 빈 자리만 남겨놓고 어디 갔는가

생각의 외연으로
의중이 드러났지만
모습의 이중부재는 과거에 남아 있고

나무 그늘만이
햇볕을 피해 이리저리 움직입니다

의자에게 요구되는 별다른 것도 없습니다

어느 오랜 날까지 자유롭게
임무수행 중입니다

그믐달

만개한 보름달이
철거통지를 받았는지
제 뼈 하나씩 발라내네

멍텅구리 말놀음처럼
저마다 다른 사정으로 달을 바라보네

어떤 처세술도 없던
모정이 꿈속 같은 가을밤 건너네

시든 꽃 그림자처럼
눈 감아도 여과되지 않는 그리움뿐이네

하늘의 골방에서
달력을 넘기듯

발에 익은 신작로 따라
귀로 하는 어머니

끝내 완성하지 못한 헛꿈이라도 꾸었는지

당신의 미래를 공짜로 쓰라는 듯
먼 이승을 걷는 발자국만 총총

지나가는 것들의 이 밤
더하는 쓸쓸함에 가슴 에이네

연꽃 지다

온전함은 없다
아니 빛바랬다

회산 백련지에
덜미 잡혀 빛바랜 영혼들
먼저랄 것도 없이 종말을 거든다

연잎은 완전한 상태가 아닌데
치유할 수 없는 상처뿐이고 부서지거나 썩는
소리만 부산하다

한동안 환상통에 시달린 후
오가는 꿈결에 꽃향이 스몄을 것이다

고독이 다 누설되면
무의식이 돌아올까

소란한 귓등을 스치듯 쉽게 사라질 것 같은
신의 시간

깊고 먼 눈빛도
살아 있을 동안이라는 듯
자신의 몸 버리고 연자蓮子에 채워둔 마음

비로 지금, 썩는 형용이 백미다

늙은 의자

기다리지 않는 사람은
기다리는 사람의
마중을 알까

의연한 자세를 취하다가 늙어버린 빈 의자

평생을 인질로 잡혀
절망을 포기하기로 했다

어느 누구에게도
소유권을 주장하지 않는다

하루가 다르게
말 수가 줄어들었다

떠돌던 소식이
가끔 머물다 가기도 하지만 저린 발을 감싸면
좀 더 애틋한
흐느낌이라도 남아 있을지

오랜 불면의 시간을 보낼 때
누가 내 안위를 걱정해 줬을까

어질고 착한 동행자로서 등골이 휘는구나
맥박을 꽉 움켜쥔다

치매

아낀 적 없는 목숨

죄보다 생이 큰
어머니는 가풀막 콩밭을 쉼 없이 오르내렸다

타고난 천성처럼
죽어서도
끝나지 않는 노동

몸이 몸을 밀어내듯 눈물이 눈물을 밀어냈을까

좀 쉬시라
하여도 못 들은 척
뼈도 안 남기고 하늘에 들더니

오늘은
구만리장천에 보름달로 떴다

한 문장으로 말할 수 없는 당신의 서사

생각이 자꾸 머뭇거린다

과수댁 분 냄새가
콧등에 지분대는 밤

어머니 콩꽃이
기억의 실마리를 풀었다 감았다 한다

시의 행마법

발언권을 얻지 못하고

가장 먼저
탈락되는 단어들이
그나마 다행인 침묵에 합류한다

모든 일에 절박하면
일상과 분리되는 내가 있다

단어에 단어를 꿰는 문장에 과거만 술렁거리거나

비문의 눈치만 남아서 너무 진지한
말을 버리기도 했다

시의 행마를 위해
실패할 확률을 좁혀나가면
무의식이 꿈틀거린다

언젠가 불구가 된 문장들이 환영幻影으로 탈바꿈하더니

깡마른 사유를 세운다

차원 높은 생각을 결론짓는 것일진대

사뭇 아픈 생각만 와도
앞뒤 없이 방치되었던 이미지들이
우르르 달려든다

뻐꾹나리

밀려드는 절기를 틈타
치닫는 시차

유별난 취향과
남다른 동경을 가졌다

시간의 이면에 은폐된 허물이 가면을 쓰면
만질 수 없는 표정은 극대화되었다

어디에도
내가 없을 것 같아
오래 한자리에 머물면
문득
먼발치까지 아득하다

때늦은 무심함처럼
들을 수 없는 천상의 소리가 있어
뻐꾹뻐꾹

뜨거운 마음을 숨기고

구호처럼 사라진 자아실현
어디서부터 실감 나는 미래일까

꽃으로 내려와 앉아
비상을 품었다

수련

알고 싶은 인연이 있어
연못의 심장을 두드렸다

내동댕이쳐진 낯선 세상에서

피안과 차안이 뒤섞인
저 생경生硬

하늘을 향해 문을 열었다

시간의 껍질이 벗겨지며
과거에서 오는 빛의 총량이 색을 이루었다

애썼던 마음만큼 시공간은
영혼의 안식처를 이루었다

그런 연유에서 물에 뿌리내린 눈어림만큼 깊다

번번이 고비를 건너는 生과 死

오히려 눈부신 자태가 있어
눈먼 발자국을 환하게 비춘다

내게도 저처럼

심연의
물그늘 속으로
틈입闖入할 용기가 있을까

불면

삼키지 못한 근심에 몸살 앓는다

모호한 생각들이 상념으로 무너져내린다

아는 인연이 무서울 때면 자주 뒤척였다

곧잘 삼키는 침묵에 복선이 깔렸다

얼마나 보잘 것 없는 근심이

생각을 과잉케 하여 잠을 막았을까

잠의 불분명한 입장 표명은 나를 곤경에 빠뜨렸다

바짝 목을 조여오고 기억이 희미해질 때까지
나는 기다린다

뇌하수체에 스며든 카페인이

상상을 복기하면 더욱 환해지는 불면

튕겨 나온 무형의 기분에 나는 까마득히 갇혀 있다

연꽃

버릴 것 다 버리고
가만히 눈 떠 있을 꽃봉오리 속 눈부처

아트마에 몰두하는 사람처럼
해맑은 이마를 드러낸 당신

어쩐지 애처로운 본능조차 허송세월로 돌아갔다

낯선 고요도
어느덧 착란 같아서
잠깐의 안식처를 이룬다

바랄 길 없어도 손 모아 빌면
모든 번뇌
씻을 수 있을까

허공을 감아대는 마니차처럼
잡념을 깨뜨리는 경전

뜬구름처럼 오는 슬픔이 맑다

눈물로 꽃잎을 빚으면
새빛을 품은
연꽃이 필까요

닫힌 문을 열면 무아경이 펼쳐질까요

입치레

환장하는 심정으로
배를 주려야 했던 시절

풀때기라도 쒀먹기 위해
손톱 빠져라 땅을 일궜지만
딸린 식솔은
허기졌다

퇴행의 공간은 서럽고 깊었다
때우는 헛웃음은 한 끼 행복

마음 틈새에 박혀있는
흑백논리는 어디에도 도움이 되지 못했다

일찍이 애어른이 돼버린 후
몽환의 명치는 아렸다

따듯하게 배고플 수 있는
현실을 당연하게 받아들였다

하룻밤 꿈처럼
현기증이 헛배를 불리던 날

제대로 입치레도 못 했던
유년의 기억이 산탄처럼 박혔다

영혼의 합창

파랑 치는 서해를 건너오다
멈춘 장항 송림
한철 유행을 발산한다

소나무 발등에 짜리몽땅한 맥문동

제때를 빼앗길까
자칫 외면받지나 않을까

닫힌 마음머리에 닿는 리듬이
죄를 피하게 하는데

차림새도 조신하게
보라색 합창을 하고 있다

모르고 있는 우연처럼 완성된 향연

향기가 주석을 달아줄 때면
우리는 서로 다른 얼굴로

같은 표정을 짓는다

얼마나 독하면 집단으로 항거할까

나보란 듯 정갈한 음색이
활성화되고 있다

백일홍

추억의 상징을 찾아
행선지를 더듬는 동안

무딘 촉을 세우는 여름이 차츰 달궈진다

신생 우주에 남겨둔 정령은 어디 있을까
속삭이던 귓속말에 타들어 가는
가지 끝이 떨린다

끝내 온전해지기 위해
집중해야 할
환상

어인 마음 탓일까
빛의 방식으로 뭉쳐 있는 꽃들

오직 만개滿開만이
유일무이한 확신이다

거드름 피우는 백일은
뭇 영혼을 씻겨주는 시간인가

갖가지 오뇌는 어디에도 없다

사려 깊은 순명을 따르는 꽃의 붉음으로
허공을 디자인하고 있다

일출

신생新生의 눈부신 혈로

저 빛 고운체로 걸러내면 붉은 물만 동해에 출렁이겠다

태양의 초절超絶

새날이란
어둠이 물러나고 난 후 쏜살같이 나타나는 현생

이같이 명징한 선언문을 보았는가

단 한 번도 좌초하지 않은 영원

모든 도착하는 너머까지
해맞이를 서두를 것이다

벼랑 같은 수평선 뛰어올라 허리 곧추세운 당신
여명의 발걸음이 힘차다

제4부

재생

미래가 끊긴 후 해의 궤도마저 놓쳤다

야위도록 내뱉는 독백

인생의 어긋장을 잊지 않기 위해 세상 밖을 서성거렸다

환호성에 저당 잡힌 이파리는
바람의 엑스터시

그럴 수 없는 어떤 이유에서도 가을의 표적이 된 낙엽
세월의 압화 같다

사는 일이 때로는 감당 못 할 일이라지만
영혼의 뼈에서 들리는 바스락거림은

죽어서도 살아 있다는 증표
얼마나 지독한 재생再生인가

하루가 저무는 시간

얇은 한지 창에 비치는
한줄기 붉은 노을빛
아주 작은 일상조차 아쉽다

아직 여물지 못한 그리움
드러나지 않는 상처들
하늘 끝자락에서 피어난다

모든 것은 빛을 잃고
물속 빼꼼히 머리 내민 바위도
머물러 있지 않는 것처럼 보인다

하루의 문을 내리는 이 시간
나는 새벽을 잉태하는
밤을 데리러 간다

서점에서

책들이 일렬로 서 있다
지나가면서 힐끔 바라보니
책들은 포개져 누워 있다

책꽂이에 꽂혀있는 책들이
기억을 풀어내고 있었다
언어들이 흔들거리고
별의 강줄기들이 흐르고 있다

때로는 허물어지는
긴 한숨들이 묻어나고

아무것도 피어나지 않았던
기다란 진열대에서
듬성듬성 이 빠진 의미들이
미소 짓고 있다

나와 진열장 사이에서
싱싱한 기억들을 들추어내

책꽂이 앞에 세워놓기 시작했다

고만고만하게 놓여있는
낡은 것과 묵은 것들이
진열대 앞에서 서로를 뽐내고 있다

불규칙 반응

파란 잔디 구장
타원형 공이 멈춰있다

호각소리가 난다

구르기 시작한다
어디로 구를지
안절부절 못한다

반듯이 구르다
오른쪽으로 왼쪽으로
멈췄다 구른다

보는 사람들도
절묘하게 어긋난 타원형이다
불규칙 반응이다

세상의 시간이
오른쪽으로 왼쪽으로

가다가다 멈춘다

어디로 之(갈지)를
아무도 모른다

아주 먼 길을 지나온 삶이
불규칙 반응의 연속이다

호각소리가 난다, 공이 구른다

손 편지 한 장

손 편지 한 장 받고 싶다
몇 자라도 좋으니
꾹꾹 눌러쓴
손 편지 한 장 받고 싶다

열흘 한 달 두 달이 걸려도
푸른 하늘이 만든
저 너른 편지지에
마음 가득 실은 손 편지 한 장 받고 싶다

쓰다가 틀리면
지우개로 싹싹 지운
손 편지 한 장 받고 싶다

오늘이나 오려나, 푸른 하늘 바라본다

마스크

숨기는, 별일이 있는가

아무 설명 붙지 않아도
나름의 방어벽을 구축한다

자분자분 오솔길을 걷다 보면
꽤 많은 자연의 친구들은
흰구름 날개 아래 당당하다

발품 파는 숲정이 길에서
잠시 안전해지는
상상만으로 마스크를 벗어본다

비루한 비극 같은 바이러스

입에 곰팡이 피도록
얼굴을 다 내놓지 못하는
사람들만 애석하다

수련 2

십 리 밖
콧등 시린 바람마저 잠재우면
붉어지는 얼굴

이내 사라질 것만 같아 물 밖 미래를 밝혀낸다

꽃잎은 완벽한 구원
물의 몸을 껴안는다

기쁜 운명을 편애하듯 둥글게 말려 있는 봉오리

기울기도 넘침도 없는
수면 아래는 아름다운 감옥

거부할 수 없는 관능적 매력을
모두 발산하려는지
물마루에 오른다

어떤 사랑

그어 놓은 빗금도 없이
이리저리 쏠리는 감정

남아 있는 다정조차 소진되면
무엇으로도 설명할 수 없는 허무맹랑만 남는다

가까이 다가갈수록 더 불안해지고
감췄다고 찔리지 않는 가시는 진짜 가시가 아니다

위험을 무릅쓰고서라도 다가가야 한다면
기막힌 상황도 무력화시키는
그것은 사랑의 각오다

누가 쓰다 버린 꿈처럼
최대한 깊게 찔리도록 곤두세우는 가시

때로는 인정사정없이 찌르고 찔려
한 피로 동화되는 사랑이 있다

서기 집문 瑞氣集門

새해 문 활짝 열면
三山二水에 상스러운 기운이 떠오른다

황금빛 복지 담양을 위해
우리들 황금빛 사랑을 위해
환한 세상은 찬란하게 빛난다

없는 사람에게 황금 구슬을
추운 사람에게 온기를
고루고루 나눠주며 퍼져간다

황금빛 새 하늘 열린다
황금빛 복지담양 열린다

용기의 촛불이
희망의 촛불이
열정의 촛불이
사랑의 촛불이
감사의 촛불로 타오른다

복지로 다복하고
사람은 화합하며
바람은 청풍이니
청죽인은 굴기崛起하리

흰접시꽃

막막한 일상에서 무소식이 당도했다

넘어져 본 사람만이 일어설 수 있는

희망의 공식

훌쩍 세월을 허비해 남아도는 후회들

가져올 것보다
남겨둔 것이 더 많은 과거처럼

입에서 들끓는 말들이
흰 접시에 담기고
배고픔만 퍼먹은 날도 있었던가

아무리 넘어져도
포기하지 않으면 실패라 부르지 않는다는데

호락호락 받아들였던 세상의 유혹들

하찮은 목숨이라도 인생의 고비에서는
살아내야 하는 이유를 찾아내야 한다

어느 사방의 술렁임이
흰접시꽃에 담긴다

삶의 이유

그냥
산다는 말보다
기어코 살아낸다는 말이
더 가슴 아리다

간절한 것은
삶의 당위성과
까닭이 있기 때문일까
걸리적거리는 망설임 때문일까

미래를 이끌 신념만 있다면
답습한 실패조차
두렵지 않다

모든 아픔과 상처들에서 멀리 있고 싶다

예까지 밀려온 생명
부서진 욕망의 조각들이 사금파리처럼 빛난다

내 안의
또 다른 나를
어쩌지 못하는 것도

깊어지는 나잇살의 뿌리가
내 심장 따뜻하게
두근거리기 때문이다

물오르는 가지 끝

다 버리면
저 모습이 될까

휩쓸리며
들뜨기 좋은 절기

흔들릴수록 미세해지는 사소한 변화들은
봄기운으로 촉발된다

물관을 따라 봄이 번지면
방치되었던 나뭇가지에 새싹이 올라온다

군더더기 없는
생의 유전자들이
허공의 출구를 기웃거렸다

뿌리는 초록 핏물 뽑아 올려
전진 배치한 가지 끝을 살리는데

싱싱한 봄바람에
흔들리는
허공

삶의 이유가 있어 번민했던 지난날이
새순 끝으로 밀려난다

오월이 오면

장미꽃 만발한 오월이다

핏빛 하늘로 떠난 사람들은
기다려도 돌아오지 않는데
그때를 기억하는 장미꽃은
오월이 되면 어김없이 피어난다

아무도 할 수 없다고 했을 때
하늘에서 비가 내리기 시작했고
마른풀들이 자라났다

바람은 풀씨를 날라 위골違骨된 산에 뿌렸다

일상의 자유가
희생 위에 피는 꽃인 줄을
정의가 불법과 불의 앞에서
피 흘린 후에야 알았다

살아있는 자만이 볼 수 있는 풍경을

맘껏 누릴 수 있음에 감사하고
꽃잎 스치는 바람 속에서
고운 향기를 느낄 수 있다는 것이 감격이다

이맘때면 사무치듯 떠오르는 얼굴들

손을 잡고 걸었던 사람
아직도 흑백사진 속에서 웃고 있는 사람
때로는 스치듯 지나갔지만 가슴에 머물러 있는 사람

꽃처럼 피어났던 인연이 있고
연기처럼 산화한 인연이 있지만
우리의 마음속에 소중하지 않은 사람은 없다.

눈이 짓무르는 오월이다
'동포여, 우리는 지금 무엇을 하고 있는가'
'광주는 우리 마음에 영원히 살아 있다.'
그 외치는 소리가 장미꽃처럼 붉다

죽음을 넘어 시대의 어둠을 빛으로 살린 광주
더 많이 사랑하고
더 깊이 기억해야 한다

아직도 장미꽃 아래 잠들지 못했을
자유와 진실만이 전부였던 넋들을 생각한다
상처 위에 상처를 덮는 왜곡도 있었다

이제 역사 앞에 숙연해진다

죽어서도 살아 숨 쉬는 별들처럼
아물지 않은 생이 있거든
오월의 빛나는 빛으로 감싸주었으면 좋겠다

새벽안개

아침을 쉬 열지 못하는 새벽

증암천을 지르는 쌍교 위
시작도 끝도 알지 못하면서
한 폭의 수채화를 그리고 있다

안개에 밀려나는
백로 한 마리 먼 산을 본다
강물이 바람 속으로 흩어진다

연소하지 못한 하얀 영혼들
군데군데 피어난 코스모스
이슬에 입 맞추고 있다

멀리서 고요와 적막이
쌍교에 서서 여명을 바라본다

성하

어느 누구도
강요하지 않았는데
하루가 다르게 나뭇잎이 짙어졌다

비밀 결사대처럼
여름이 푸르게 익어간다

이 세상 살아 있는 것들의
체온이 오르고
숨이 가팔랐다

하늘과 땅이 서로 최면에 걸린 듯
바짝 긴장하며 몸 바꾸는 고요

죄목을 나누는 것처럼
한 옥타브씩
허공이 넘실거린다

삼복의 앞뒤에는 어떤 가식도 따라붙지 않는다

7월 달력보다 먼저
달궈진 이마 넘기는 열대야

농도 진한 온도
어느 방향으로도
성하盛夏가 가득하다

반딧불

앞강을
가르는 풀벌레 울음소리

속삭임으로 녹아드는
깜박이는 영혼의 불빛

고독이
어둠을 밟고 다가설 때마다
온몸을 불사르는 정성

신비롭고 은은하게
오늘을 마감하고 내일을 연다

숯덩이로 타는 그리움
반짝반짝하는 반딧불

걸음걸음마다
희망과 빛이 되어준다

과거

한 시절 건너기 위해
두려움 뒤에 나를 숨겼다

진자리에서 마른자리까지
생소한 우연을 떠나보냈다

스스로 냉담하면
세상이 뒷걸음질 쳤다

견디는 것보다
어쩌면 더 쉬웠던 포기

다양한 안색으로 바뀌는 동안
속절없이 욕망을 꺾으면 됐다

추억이 농익는 모든 과거는
아무 뜻 없이 善과 惡으로 구분되는데

빛과 그늘의 엇갈림에 대해
어떤 이유도 묻지 않는다

산에 박힌 돌

태초의
자세 그대로
선언 없는 침묵일 뿐

복지부동하고
싶은 곳에
어찌할 도리 없는 속수무책

한목숨 곤두박여
오래 묵은 잠에서 깬다

복화술을 놓치고
지층에서 빠져나와 구르기도 하지만
그 즉시 아나키즘이 된다

고독한 단독자로서
기도에 붙박이 된 발걸음

함묵의 이정표를 세운다